Enchanting Tales: Bilingual French-English Stories for Kids

Artici Kids

Published by Artici Kids, 2024.

While every precaution has been taken in the preparation of this book, the publisher assumes no responsibility for errors or omissions, or for damages resulting from the use of the information contained herein.

ENCHANTING TALES: BILINGUAL FRENCH-ENGLISH STORIES FOR KIDS

First edition. June 6, 2024.

ISBN: 979-8227589958

Written by Artici Kids.

Table of Contents

Bébert l'Abeille

Il était une fois, dans une ruche bourdonnante et colorée, une petite abeille nommée Bébert. Bébert n'était pas une abeille ordinaire. Non, Bébert était une abeille avec un cœur d'or et une curiosité insatiable. Tandis que les autres abeilles de la ruche s'affairaient à collecter du pollen et à produire du miel, Bébert rêvait d'aventures et de découvertes.

Un jour, alors que le soleil se levait et que la rosée scintillait sur les fleurs, Bébert se sentit irrésistiblement attiré par l'idée de quitter la ruche et de partir explorer le monde extérieur. Il battit des ailes avec enthousiasme et, sans un regard en arrière, il s'envola.

Le premier arrêt de Bébert fut un magnifique jardin rempli de fleurs de toutes les couleurs. Il y rencontra une coccinelle nommée Clara. Clara était une coccinelle sage et pleine de bons conseils.

« Bonjour, Clara ! » dit Bébert avec excitation. « As-tu déjà exploré ce jardin ? »

Clara hocha la tête. « Oui, Bébert. Ce jardin est un endroit merveilleux, mais il faut faire attention aux dangers. Certains humains peuvent être très maladroits avec leurs grands pieds ! »

Bébert, bien qu'un peu inquiet, ne se laissa pas décourager. Il remercia Clara pour son conseil et s'envola vers un magnifique parterre de roses rouges. Il se posa délicatement sur l'une des fleurs et commença à récolter du pollen. Mais soudain, il entendit un bourdonnement étrange.

En se retournant, Bébert vit une énorme guêpe s'approcher de lui. La guêpe avait l'air furieuse.

« Que fais-tu ici, petite abeille ? » gronda la guêpe. « Ce jardin est mon territoire ! »

Bébert, malgré sa petite taille, rassembla tout son courage. « Je suis Bébert l'abeille et je suis ici pour explorer et découvrir. Je ne veux pas te causer de problèmes. »

La guêpe parut surprise par le courage de Bébert. « Hum, je vois que tu as du cran, petite abeille. Très bien, je vais te laisser tranquille cette fois-ci. Mais fais attention à ne pas revenir trop souvent. »

Bébert acquiesça et s'éloigna rapidement. Il était soulagé d'avoir échappé à ce danger, mais son cœur battait encore la chamade. Cependant, il ne laissa pas cette rencontre ternir son enthousiasme pour l'aventure.

Continuant son voyage, Bébert traversa une forêt enchantée où les arbres semblaient murmurer des secrets. Là, il rencontra un papillon nommé Paul, qui avait des ailes si colorées qu'elles semblaient briller sous le soleil.

« Bonjour, Paul ! » s'exclama Bébert. « As-tu des histoires de la forêt à partager ? »

Paul sourit et répondit : « La forêt est pleine de merveilles, Bébert. Mais le plus incroyable est le Grand Chêne. Il est si ancien qu'il a vu des générations d'abeilles et d'insectes passer. Suis-moi, je vais te montrer. »

En suivant Paul, Bébert atteignit le Grand Chêne. Ses branches s'étendaient vers le ciel et son tronc était massif et noueux. Bébert pouvait sentir l'histoire et la sagesse émaner de cet arbre majestueux.

« Merci, Paul, » dit Bébert, émerveillé. « Cet arbre est incroyable. »

Après avoir passé un moment à admirer le Grand Chêne, Bébert continua son chemin. Il traversa des prairies verdoyantes, des rivières scintillantes et rencontra de nombreux autres insectes fascinants. Chaque rencontre et chaque nouvelle découverte remplissaient son cœur de joie.

Cependant, Bébert commençait à ressentir un peu de nostalgie pour sa ruche. Bien qu'il adorait ses aventures, sa famille et ses amis lui manquaient. Il décida qu'il était temps de rentrer chez lui.

Sur le chemin du retour, Bébert se sentit grandi par ses expériences. Il avait appris le courage, la prudence et la valeur de l'amitié. Quand il arriva enfin à la ruche, il fut accueilli par des acclamations et des étreintes chaleureuses de ses compagnons abeilles.

Bébert leur raconta ses aventures avec enthousiasme. Il parla de Clara la coccinelle, de la guêpe menaçante, de Paul le papillon et du Grand Chêne majestueux. Ses histoires inspirèrent ses amis abeilles à être plus courageux et à explorer le monde avec curiosité et respect.

Et ainsi, Bébert l'abeille devint une légende dans sa ruche, non seulement pour son courage et son esprit d'aventure, mais aussi pour son cœur généreux et sa sagesse. Il continua à explorer et à découvrir, tout en restant fidèle à sa ruche et à sa famille, inspirant tous ceux qui l'entouraient à suivre leurs rêves et à embrasser l'inconnu avec courage et amour.

Bébert the Bee

Once upon a time, in a bustling and colorful hive, there was a little bee named Bébert. Bébert was not an ordinary bee. No, Bébert was a bee with a heart of gold and an insatiable curiosity. While the other bees in the hive busily collected pollen and produced honey, Bébert dreamed of adventures and discoveries.

One day, as the sun rose and the dew glistened on the flowers, Bébert felt irresistibly drawn to the idea of leaving the hive and exploring the outside world. He flapped his wings with enthusiasm and, without a backward glance, he flew off.

Bébert's first stop was a magnificent garden filled with flowers of all colors. There he met a ladybug named Clara. Clara was a wise ladybug full of good advice.

"Hello, Clara!" said Bébert excitedly. "Have you ever explored this garden?"

Clara nodded. "Yes, Bébert. This garden is a wonderful place, but you must be careful of the dangers. Some humans can be very clumsy with their big feet!"

Bébert, though a little worried, was undeterred. He thanked Clara for her advice and flew towards a beautiful bed of red roses. He gently landed on one of the flowers and began to gather pollen. But suddenly, he heard a strange buzzing.

Turning around, Bébert saw a huge wasp approaching him. The wasp looked furious.

"What are you doing here, little bee?" growled the wasp. "This garden is my territory!"

Bébert, despite his small size, gathered all his courage. "I am Bébert the Bee, and I am here to explore and discover. I don't want to cause you any trouble."

The wasp seemed surprised by Bébert's bravery. "Hmm, I see you have guts, little bee. Very well, I'll leave you alone this time. But be careful not to come back too often."

Bébert nodded and quickly flew away. He was relieved to have escaped the danger, but his heart was still pounding. However, he didn't let this encounter dampen his enthusiasm for adventure.

Continuing his journey, Bébert crossed an enchanted forest where the trees seemed to whisper secrets. There, he met a butterfly named Paul, who had such colorful wings that they seemed to shine in the sunlight.

"Hello, Paul!" exclaimed Bébert. "Do you have any forest stories to share?"

Paul smiled and replied, "The forest is full of wonders, Bébert. But the most incredible is the Great Oak. It is so old that it has seen generations of bees and insects pass by. Follow me, I'll show you."

Following Paul, Bébert reached the Great Oak. Its branches stretched towards the sky, and its trunk was massive and gnarled. Bébert could feel the history and wisdom emanating from this majestic tree.

"Thank you, Paul," said Bébert, amazed. "This tree is incredible."

After spending a moment admiring the Great Oak, Bébert continued on his way. He crossed verdant meadows, sparkling rivers, and met many other fascinating insects. Each encounter and each new discovery filled his heart with joy.

However, Bébert began to feel a bit homesick for his hive. Although he loved his adventures, he missed his family and friends. He decided it was time to go home.

On the way back, Bébert felt grown by his experiences. He had learned courage, caution, and the value of friendship. When he finally arrived at the hive, he was greeted with cheers and warm hugs from his fellow bees.

Bébert enthusiastically recounted his adventures. He spoke of Clara the ladybug, the menacing wasp, Paul the butterfly, and the majestic Great Oak. His stories inspired his fellow bees to be braver and to explore the world with curiosity and respect.

And so, Bébert the Bee became a legend in his hive, not only for his courage and adventurous spirit but also for his generous heart and wisdom. He continued to explore and discover, while remaining faithful to his hive and family, inspiring all around him to follow their dreams and embrace the unknown with courage and love.

Mina la Sirène

Il était une fois, dans les profondeurs cristallines de l'océan, une jeune sirène nommée Mina. Mina n'était pas une sirène ordinaire. Non, elle avait des écailles qui brillaient comme des étoiles et un cœur aussi vaste que la mer elle-même. Tandis que les autres sirènes de son âge passaient leurs journées à chanter et à jouer, Mina rêvait d'aventures au-delà des récifs coralliens.

Un matin, alors que les premiers rayons du soleil pénétraient l'eau turquoise, Mina décida de partir explorer les endroits les plus secrets de l'océan. Elle nagea avec grâce et enthousiasme, ses longs cheveux ondulant derrière elle comme un ruban d'argent.

Son premier arrêt fut une forêt de kelp, où elle rencontra une tortue marine âgée nommée Tessa. Tessa avait des siècles de sagesse dans ses yeux doux et une lenteur apaisante dans ses mouvements.

« Bonjour, Tessa ! » dit Mina avec excitation. « Peux-tu me dire ce qu'il y a au-delà de cette forêt de kelp ? »

Tessa hocha lentement la tête. « Mina, au-delà de cette forêt se trouve le Canyon des Profondeurs. C'est un endroit mystérieux, plein de secrets et de dangers. Sois prudente, jeune sirène. »

Mina, bien qu'un peu inquiète, ne laissa pas cette mise en garde la décourager. Elle remercia Tessa pour son conseil et continua sa route. Alors qu'elle nageait, les algues se refermaient derrière elle, créant une barrière naturelle.

En arrivant au Canyon des Profondeurs, Mina fut émerveillée par les formations rocheuses spectaculaires et les créatures bioluminescentes qui illuminaient les ténèbres. Soudain, elle entendit un chant mélodieux et envoûtant. Intriguée, elle suivit le son et découvrit une autre sirène, plus vieille, nommée Sélène.

« Bonjour, Sélène ! » s'exclama Mina. « Ce chant est magnifique. Qui es-tu ? »

Sélène sourit et répondit : « Je suis la gardienne du Canyon. Mon chant guide les créatures marines vers la sécurité. Que fais-tu ici, petite sirène ? »

Mina, avec son cœur débordant de curiosité, raconta son désir d'explorer et de découvrir les mystères de l'océan. Sélène, touchée par l'enthousiasme de Mina, lui offrit un coquillage lumineux.

« Ce coquillage te guidera à travers les endroits les plus sombres et te protègera des dangers. Prends-le et sois courageuse. »

Mina accepta le cadeau avec gratitude et continua son voyage, le coquillage éclairant son chemin. Elle traversa des grottes mystérieuses et des épaves de navires anciens, chaque découverte étant plus fascinante que la précédente.

Cependant, au fond du Canyon, Mina tomba sur un immense mur de corail noir. Le corail semblait vivant, vibrant d'une énergie étrange. Soudain, un poisson étrange, aux couleurs éclatantes et aux yeux brillants, apparut devant elle.

« Bonjour, Mina. » dit le poisson avec une voix douce. « Je suis Pyros, le gardien de ce mur. Seuls ceux qui ont un cœur pur peuvent traverser. »

Mina, sans hésitation, répondit : « Je cherche seulement à explorer et à apprendre, Pyros. Je n'ai aucune intention de nuire. »

Pyros, après avoir examiné Mina avec attention, s'écarta. « Tu peux passer, Mina. Que tes découvertes soient éclairantes. »

En traversant le mur de corail noir, Mina découvrit une caverne sous-marine remplie de trésors anciens et de secrets oubliés. Des perles scintillantes, des bijoux en or et des artefacts mystérieux reposaient là, témoignages d'un passé révolu.

Mais le plus précieux de tous était un ancien livre en écailles, brillant de mille feux. En l'ouvrant, Mina découvrit des histoires sur les anciens royaumes des sirènes, des légendes de courage et de magie. Elle comprit alors que sa mission n'était pas seulement d'explorer, mais aussi de transmettre ces connaissances à son peuple.

Avec le livre en main, Mina retourna vers son royaume. En chemin, elle revit Tessa et Sélène, les remerciant pour leur aide précieuse. Elles lui sourirent, fières de la voir accomplir sa quête.

Lorsqu'elle arriva enfin chez elle, Mina fut accueillie par des acclamations et des étreintes chaleureuses. Elle partagea ses découvertes avec sa famille et ses amis, inspirant tous ceux qui l'entouraient à être plus curieux et courageux.

Mina la Sirène devint une légende, non seulement pour ses aventures extraordinaires mais aussi pour son cœur généreux et sa sagesse. Elle continua à explorer les océans, toujours accompagnée de son coquillage lumineux, apportant lumière et espoir à tous ceux qu'elle rencontrait.

Et ainsi, les histoires de Mina résonnèrent à travers les générations, rappelant à tous que le véritable trésor réside dans la connaissance, la curiosité et le courage.

Mina the Mermaid

Once upon a time, in the crystal-clear depths of the ocean, there was a young mermaid named Mina. Mina was not an ordinary mermaid. No, she had scales that shone like stars and a heart as vast as the sea itself. While other mermaids her age spent their days singing and playing, Mina dreamed of adventures beyond the coral reefs.

One morning, as the first rays of sunlight penetrated the turquoise water, Mina decided to explore the ocean's most secret places. She swam gracefully and enthusiastically, her long hair flowing behind her like a silver ribbon.

Her first stop was a kelp forest, where she met an elderly sea turtle named Tessa. Tessa had centuries of wisdom in her gentle eyes and a calming slowness in her movements.

"Hello, Tessa!" said Mina excitedly. "Can you tell me what lies beyond this kelp forest?"

Tessa slowly nodded. "Mina, beyond this forest is the Depths Canyon. It is a mysterious place, full of secrets and dangers. Be careful, young mermaid."

Mina, though a little worried, did not let this warning discourage her. She thanked Tessa for her advice and continued on her way. As she swam, the kelp closed behind her, creating a natural barrier.

Arriving at the Depths Canyon, Mina was amazed by the spectacular rock formations and bioluminescent creatures that lit up the darkness. Suddenly, she heard a melodious and enchanting song. Intrigued, she followed the sound and discovered another, older mermaid named Selene.

"Hello, Selene!" exclaimed Mina. "This song is beautiful. Who are you?"

Selene smiled and replied, "I am the guardian of the Canyon. My song guides sea creatures to safety. What are you doing here, little mermaid?"

Mina, with her heart overflowing with curiosity, told her about her desire to explore and discover the ocean's mysteries. Selene, touched by Mina's enthusiasm, offered her a glowing seashell.

"This shell will guide you through the darkest places and protect you from dangers. Take it and be brave."

Mina accepted the gift with gratitude and continued her journey, the shell lighting her way. She crossed mysterious caves and ancient shipwrecks, each discovery more fascinating than the last.

However, at the bottom of the Canyon, Mina encountered a massive wall of black coral. The coral seemed alive, vibrating with a strange energy. Suddenly, a strange fish, with bright colors and glowing eyes, appeared before her.

"Hello, Mina," said the fish in a soft voice. "I am Pyros, the guardian of this wall. Only those with a pure heart can pass."

Mina, without hesitation, replied, "I only seek to explore and learn, Pyros. I have no intention of causing harm."

Pyros, after examining Mina closely, moved aside. "You may pass, Mina. May your discoveries be enlightening."

Passing through the black coral wall, Mina discovered an underwater cave filled with ancient treasures and forgotten secrets. Shimmering pearls, golden jewels, and mysterious artifacts lay there, remnants of a bygone era.

But the most precious of all was an ancient book made of scales, shining brilliantly. Opening it, Mina found stories of the ancient mermaid kingdoms, legends of courage and magic. She realized that her mission was not only to explore but also to share this knowledge with her people.

With the book in hand, Mina returned to her kingdom. Along the way, she saw Tessa and Selene again, thanking them for their invaluable help. They smiled at her, proud to see her fulfill her quest.

When she finally arrived home, Mina was greeted with cheers and warm embraces. She shared her discoveries with her family and friends, inspiring everyone around her to be more curious and brave.

Mina the Mermaid became a legend, not only for her extraordinary adventures but also for her generous heart and wisdom. She continued to explore the oceans, always accompanied by her glowing shell, bringing light and hope to everyone she met.

And so, Mina's stories resonated through the generations, reminding everyone that the true treasure lies in knowledge, curiosity, and courage.

Capitaine Paco et le Trésor Caché

Il était une fois, dans les eaux tumultueuses de la mer des Caraïbes, un jeune pirate nommé Capitaine Paco. Paco n'était pas un pirate ordinaire. Non, il était célèbre pour son grand cœur, son courage inégalé et sa soif d'aventure. Tandis que d'autres pirates recherchaient l'or et les bijoux, Paco cherchait des trésors bien plus précieux : l'amitié, la loyauté et les mystères du monde.

Un matin, alors que le soleil se levait à l'horizon et que les mouettes criaient joyeusement, Paco et son équipage se préparèrent à partir en quête d'un nouveau trésor. Ils avaient trouvé une vieille carte au fond de la cale de leur navire, "L'Étoile de Mer", une carte qui promettait de révéler l'emplacement du trésor caché du légendaire pirate Barbe d'Ébène.

« Mes amis, » déclara Paco avec un sourire, « aujourd'hui commence notre plus grande aventure. Préparez les voiles, et en avant vers l'inconnu ! »

L'équipage, composé de personnages hauts en couleur, se mit en mouvement avec enthousiasme. Il y avait Jenny, la vigie aux yeux perçants ; Tim, le cuisinier au grand cœur et aux plats délicieux ; et Rodrigo, le maître des cartes, toujours prêt à déchiffrer les énigmes les plus complexes.

La première étape de leur voyage les mena à une île appelée Tortuga Verte, réputée pour ses plages de sable fin et ses cocotiers. Mais derrière cette apparence paradisiaque se cachait une jungle dense et mystérieuse. Selon la carte, ils devaient trouver une ancienne statue de tortue pour découvrir le premier indice.

« Allons-y ! » s'exclama Paco en sautant du navire avec enthousiasme. « L'aventure nous attend ! »

À travers la jungle, ils rencontrèrent des serpents sifflants et des singes curieux, mais rien ne pouvait décourager Paco et son équipe. Enfin, après des heures de recherche, ils trouvèrent la statue de tortue, partiellement enfouie sous la végétation luxuriante.

Rodrigo sortit une boussole spéciale et commença à lire les inscriptions anciennes gravées sur la statue. « Il semble que nous devons suivre le chemin du soleil couchant jusqu'à la rivière d'argent. »

Sans perdre une seconde, l'équipage suivit les instructions. Ils arrivèrent bientôt à une rivière scintillante sous les rayons du soleil couchant. Sur ses rives, ils trouvèrent un vieux moulin abandonné. À l'intérieur du moulin, une autre énigme les attendait, gravée sur une vieille roue en bois.

Jenny, avec ses yeux perçants, lut l'énigme à haute voix : « Pour découvrir le trésor, suivez les étoiles jusqu'à l'île des Dragons. »

La nuit tombait, et l'équipage reprit la mer, guidé par les étoiles brillantes du ciel nocturne. Après une navigation habile et précise, ils atteignirent finalement l'île des Dragons, une île volcanique entourée de légendes effrayantes.

L'île était sombre et menaçante, mais Paco ne montra aucune peur. « Courage, mes amis. Le trésor n'est jamais facile à trouver, mais nous sommes proches. »

En explorant l'île, ils découvrirent des grottes profondes et des chemins sinueux. Au cœur de l'île, ils trouvèrent une grotte avec des sculptures de dragons sur les murs. En avançant prudemment, ils arrivèrent à une grande porte en pierre, scellée par un mécanisme complexe.

Tim, avec son esprit inventif, découvrit comment ouvrir la porte en résolvant un puzzle délicat. Derrière la porte, une salle immense et remplie de trésors scintillants les attendait. Mais au centre de la pièce se trouvait le véritable trésor : un vieux journal de bord, écrit par Barbe d'Ébène lui-même.

Paco prit le journal avec révérence. En l'ouvrant, il lut à haute voix les premières lignes : « Le plus grand trésor que j'ai découvert n'est pas l'or, mais les histoires et les amis que j'ai rencontrés en chemin. »

L'équipage, ému par ces paroles, réalisa que leur propre aventure avait été riche en expériences et en amitiés précieuses. Ils décidèrent de partager ces trésors avec ceux dans le besoin et de continuer à explorer, non pas pour la richesse, mais pour les merveilles et les histoires qu'ils pourraient découvrir.

Capitaine Paco et son équipage devinrent célèbres non pas pour leur richesse matérielle, mais pour leur générosité et leur esprit aventureux. Leur légende se répandit à travers les mers, inspirant d'autres à chercher les trésors les plus précieux de tous : le cœur et l'âme de leurs aventures.

Et ainsi, Capitaine Paco et ses amis naviguèrent vers l'horizon, toujours prêts pour une nouvelle aventure, sachant que le véritable trésor se trouve dans les moments partagés et les souvenirs créés en chemin.

Captain Paco and the Hidden Treasure

Once upon a time, in the tumultuous waters of the Caribbean Sea, there was a young pirate named Captain Paco. Paco was not an ordinary pirate. No, he was famous for his big heart, unmatched courage, and thirst for adventure. While other pirates sought gold and jewels, Paco searched for much more precious treasures: friendship, loyalty, and the mysteries of the world.

One morning, as the sun rose on the horizon and the seagulls cried joyfully, Paco and his crew prepared to set out in search of a new treasure. They had found an old map at the bottom of their ship's hold, "The Starfish," a map that promised to reveal the location of the hidden treasure of the legendary pirate Blackbeard.

"Friends," declared Paco with a smile, "today begins our greatest adventure. Prepare the sails, and onward to the unknown!"

The crew, a colorful bunch, moved with enthusiasm. There was Jenny, the lookout with sharp eyes; Tim, the big-hearted cook with delicious dishes; and Rodrigo, the master of maps, always ready to decipher the most complex puzzles.

The first leg of their journey led them to an island called Green Turtle, known for its fine sandy beaches and coconut trees. But behind this paradise appearance was a dense and mysterious jungle. According to the map, they needed to find an ancient turtle statue to discover the first clue.

"Let's go!" exclaimed Paco, jumping from the ship with enthusiasm. "Adventure awaits us!"

Through the jungle, they encountered hissing snakes and curious monkeys, but nothing could discourage Paco and his team. Finally, after hours of searching, they found the turtle statue, partially buried under lush vegetation.

Rodrigo pulled out a special compass and began reading the ancient inscriptions carved into the statue. "It seems we need to follow the path of the setting sun to the Silver River."

Without wasting a second, the crew followed the instructions. They soon arrived at a river sparkling under the rays of the setting sun. On its banks, they found an old abandoned mill. Inside the mill, another puzzle awaited them, carved into an old wooden wheel.

Jenny, with her sharp eyes, read the puzzle aloud: "To discover the treasure, follow the stars to the Island of Dragons."

Night fell, and the crew set sail again, guided by the bright stars of the night sky. After skillful and precise navigation, they finally reached the Island of Dragons, a volcanic island surrounded by frightening legends.

The island was dark and menacing, but Paco showed no fear. "Courage, my friends. Treasure is never easy to find, but we are close."

Exploring the island, they discovered deep caves and winding paths. In the heart of the island, they found a cave with dragon carvings on the walls. Moving cautiously, they reached a large stone door, sealed by a complex mechanism.

Tim, with his inventive mind, figured out how to open the door by solving a delicate puzzle. Behind the door, an immense room filled with shimmering treasures awaited them. But at the center of the room was the true treasure: an old logbook, written by Blackbeard himself.

Paco took the logbook with reverence. Opening it, he read aloud the first lines: "The greatest treasure I have discovered is not gold, but the stories and friends I have met along the way."

The crew, moved by these words, realized that their own adventure had been rich in experiences and precious friendships. They decided to share these treasures with those in need and to continue exploring, not for wealth, but for the wonders and stories they might discover.

Captain Paco and his crew became famous not for their material wealth, but for their generosity and adventurous spirit. Their legend spread across the seas, inspiring others to seek the most precious treasures of all: the heart and soul of their adventures.

And so, Captain Paco and his friends sailed toward the horizon, always ready for a new adventure, knowing that the true treasure lies in the moments shared and the memories created along the way.

Léonie la Licorne et la Forêt Enchantée

Il était une fois, dans un royaume magique lointain, une jeune licorne nommée Léonie. Léonie n'était pas une licorne ordinaire. Non, elle avait une crinière arc-en-ciel qui scintillait au soleil et une corne dorée qui brillait même dans l'obscurité. Mais ce qui rendait Léonie vraiment spéciale, c'était son cœur rempli de gentillesse et son désir de découvrir les mystères du monde.

Léonie vivait dans une prairie paisible avec sa famille, mais elle rêvait souvent de la Forêt Enchantée, un endroit mystérieux dont elle avait entendu parler dans les contes de sa grand-mère. On disait que cette forêt était peuplée de créatures magiques et cachait des secrets incroyables.

Un matin, après avoir rêvé de la Forêt Enchantée une fois de plus, Léonie décida qu'il était temps de partir à l'aventure. Elle savait que le chemin serait long et semé d'embûches, mais son courage et sa curiosité étaient plus forts que ses craintes.

« Maman, Papa, » annonça-t-elle un jour avec détermination, « je vais partir pour la Forêt Enchantée. Je veux découvrir ses merveilles et ses secrets. »

Ses parents, bien que préoccupés, savaient que leur fille avait un esprit aventureux qu'on ne pouvait pas retenir. Ils lui donnèrent leur bénédiction et lui offrirent un talisman de protection, un pendentif en forme de cœur qui brillait d'une lumière douce et apaisante.

« Prends soin de toi, Léonie, et reviens-nous vite, » dit sa mère en l'embrassant.

Léonie se mit en route, galopant avec enthousiasme à travers les prairies verdoyantes et les collines ondulantes. Après plusieurs jours de voyage, elle arriva enfin à l'orée de la Forêt Enchantée. Les arbres étaient si hauts qu'ils semblaient toucher le ciel, et leurs feuillages formaient une canopée dense et mystérieuse.

En entrant dans la forêt, Léonie sentit une énergie magique l'entourer. Les arbres murmuraient des secrets, et les fleurs s'ouvraient à son passage, libérant des parfums envoûtants. Elle rencontra rapidement une petite fée nommée Félicie, qui volait autour des fleurs en collectant de la rosée.

« Bonjour, jeune licorne, » dit Félicie avec un sourire radieux. « Que fais-tu dans notre forêt ? »

« Bonjour, Félicie, » répondit Léonie. « Je suis Léonie, et je suis venue découvrir les merveilles de la Forêt Enchantée. »

« Ah, la curiosité est une belle qualité, » dit Félicie. « Mais sois prudente, car cette forêt est pleine de mystères et de défis. »

Léonie et Félicie devinrent rapidement amies, et la petite fée décida d'accompagner Léonie dans sa quête. Ensemble, elles explorèrent les sentiers sinueux et les clairières lumineuses de la forêt. Elles rencontrèrent des créatures incroyables : des papillons géants aux ailes scintillantes, des cerfs majestueux avec des bois en cristal, et même un dragon amical nommé Drako, qui soufflait des bulles au lieu de feu.

Chaque rencontre apportait à Léonie une nouvelle leçon sur le courage, l'amitié et la magie du monde. Un jour, alors qu'elles traversaient une rivière étincelante, elles tombèrent sur une vieille chouette sage perchée sur une branche.

« Bonjour, jeunes aventurières, » hoota la chouette. « Je suis Olympe, gardienne des anciens secrets de la forêt. Que cherchez-vous ? »

Léonie répondit avec respect : « Nous cherchons les merveilles et les secrets de la Forêt Enchantée. Pouvez-vous nous aider ? »

Olympe réfléchit un moment puis dit : « Si vous cherchez la plus grande merveille de cette forêt, vous devez trouver l'Arbre des Souhaits, qui se trouve au cœur de la forêt. Suivez le sentier des lucioles, et il vous mènera à votre destination. »

Guidées par les lucioles, Léonie et Félicie avancèrent courageusement. Elles traversèrent des marais brumeux et des prairies enchantées, toujours suivies par la douce lumière des petites créatures. Après ce qui sembla être une éternité, elles arrivèrent enfin devant l'Arbre des Souhaits.

L'arbre était immense, avec des branches qui s'étendaient dans toutes les directions et des feuilles dorées qui brillaient comme des étoiles. À son pied, une fontaine cristalline murmurait des chansons anciennes.

Léonie s'approcha de l'arbre avec révérence. « Est-ce vraiment l'Arbre des Souhaits ? » demanda-t-elle à Félicie.

« Oui, » répondit la fée. « Fais un vœu, Léonie, et si ton cœur est pur, il se réalisera. »

Léonie ferma les yeux et fit un vœu sincère. Elle souhaitait que la magie de la Forêt Enchantée soit connue de tous et que chacun puisse découvrir les merveilles et les leçons qu'elle avait apprises. En ouvrant les yeux, elle vit l'arbre scintiller encore plus intensément, et une lumière douce l'entoura.

« Ton vœu est exaucé, » murmura une voix douce et mélodieuse. C'était l'esprit de l'Arbre des Souhaits. « La magie de cette forêt sera partagée avec le monde entier, grâce à ton courage et à ta bonté. »

Léonie et Félicie remercièrent l'esprit de l'arbre et retournèrent chez elles, le cœur rempli de joie et de satisfaction. En chemin, elles racontèrent leur aventure à toutes les créatures qu'elles rencontrèrent, et bientôt, la légende de Léonie la Licorne et de la Forêt Enchantée se répandit à travers le royaume.

Lorsque Léonie rentra chez elle, elle fut accueillie par sa famille avec des embrassades et des larmes de joie. Elle partagea ses histoires et les leçons qu'elle avait apprises, inspirant tous ceux qui l'écoutaient à être plus courageux, plus curieux et plus gentils.

Léonie devint une héroïne dans son royaume, non seulement pour ses aventures extraordinaires mais aussi pour son cœur généreux et sa sagesse. Elle continua à explorer le monde, toujours accompagnée de ses amis magiques, apportant lumière et espoir à tous ceux qu'elle rencontrait.

Et ainsi, les histoires de Léonie résonnèrent à travers les générations, rappelant à tous que le véritable trésor réside dans la magie de l'amitié, le courage de découvrir l'inconnu, et la gentillesse envers tous les êtres vivants.

Leonie the Unicorn and the Enchanted Forest

Once upon a time, in a distant magical kingdom, there was a young unicorn named Leonie. Leonie was not an ordinary unicorn. No, she had a rainbow mane that glittered in the sun and a golden horn that shone even in the dark. But what truly made Leonie special was her heart full of kindness and her desire to discover the mysteries of the world.

Leonie lived in a peaceful meadow with her family, but she often dreamed of the Enchanted Forest, a mysterious place she had heard about in her grandmother's tales. It was said that this forest was home to magical creatures and hidden incredible secrets.

One morning, after dreaming of the Enchanted Forest once more, Leonie decided it was time to go on an adventure. She knew the journey would be long and filled with obstacles, but her courage and curiosity were stronger than her fears.

"Mom, Dad," she announced one day with determination, "I'm going to the Enchanted Forest. I want to discover its wonders and secrets."

Her parents, though concerned, knew their daughter had an adventurous spirit that couldn't be restrained. They gave her their blessing and offered her a protective talisman, a heart-shaped pendant that glowed with a soft, soothing light.

"Take care, Leonie, and come back to us soon," said her mother, kissing her.

Leonie set off, galloping enthusiastically through the lush meadows and rolling hills. After several days of travel, she finally reached the edge of the Enchanted Forest. The trees were so tall they seemed to touch the sky, and their foliage formed a dense, mysterious canopy.

Entering the forest, Leonie felt a magical energy surround her. The trees whispered secrets, and the flowers bloomed as she passed, releasing enchanting fragrances. She quickly encountered a small fairy named Felicie, who was fluttering around the flowers collecting dew.

"Hello, young unicorn," said Felicie with a radiant smile. "What brings you to our forest?"

"Hello, Felicie," replied Leonie. "I'm Leonie, and I've come to discover the wonders of the Enchanted Forest."

"Ah, curiosity is a wonderful quality," said Felicie. "But be careful, for this forest is full of mysteries and challenges."

Leonie and Felicie quickly became friends, and the little fairy decided to accompany Leonie on her quest. Together, they explored the winding paths and luminous clearings of the forest. They met incredible creatures: giant butterflies with shimmering wings, majestic deer with crystal antlers, and even a friendly dragon named Drako, who breathed bubbles instead of fire.

Each encounter taught Leonie a new lesson about courage, friendship, and the magic of the world. One day, while crossing a sparkling river, they came across an old wise owl perched on a branch.

"Hello, young adventurers," hooted the owl. "I am Olympe, guardian of the ancient secrets of the forest. What are you seeking?"

Leonie answered respectfully, "We seek the wonders and secrets of the Enchanted Forest. Can you help us?"

Olympe pondered for a moment and then said, "If you seek the greatest wonder of this forest, you must find the Wishing Tree, which lies at the heart of the forest. Follow the path of the fireflies, and it will lead you to your destination."

Guided by the fireflies, Leonie and Felicie advanced courageously. They crossed misty marshes and enchanted meadows, always followed by the soft light of the tiny creatures. After what seemed like an eternity, they finally arrived at the Wishing Tree.

The tree was immense, with branches spreading in all directions and golden leaves that shone like stars. At its base, a crystal fountain murmured ancient songs.

Leonie approached the tree with reverence. "Is this really the Wishing Tree?" she asked Felicie.

"Yes," replied the fairy. "Make a wish, Leonie, and if your heart is pure, it will come true."

Leonie closed her eyes and made a sincere wish. She wished for the magic of the Enchanted Forest to be known to everyone so that everyone could discover the wonders and lessons she had learned. As she opened her eyes, she saw the tree glow even more intensely, and a soft light surrounded her.

"Your wish is granted," murmured a gentle, melodic voice. It was the spirit of the Wishing Tree. "The magic of this forest will be shared with the whole world, thanks to your courage and kindness."

Leonie and Felicie thanked the spirit of the tree and made their way home, their hearts filled with joy and satisfaction. Along the way, they shared their adventure with all the creatures they met, and soon, the legend of Leonie the Unicorn and the Enchanted Forest spread throughout the kingdom.

When Leonie returned home, she was greeted by her family with hugs and tears of joy. She shared her stories and the lessons she had learned, inspiring everyone who listened to be more courageous, curious, and kind.

Leonie became a heroine in her kingdom, not only for her extraordinary adventures but also for her generous heart and wisdom. She continued to explore the world, always accompanied by her magical friends, bringing light and hope to all she met.

And so, the stories of Leonie echoed through generations, reminding everyone that the true treasure lies in the magic of friendship, the courage to discover the unknown, and kindness towards all living beings.

Elliot l'Éléphant Danseur

Il était une fois, dans la savane africaine, un éléphant nommé Elliot. Elliot n'était pas un éléphant ordinaire. Tandis que les autres éléphants passaient leurs journées à marcher majestueusement et à chercher de l'eau, Elliot avait une passion secrète : il adorait danser. Dès qu'il entendait un bruit de tambour ou le chant des oiseaux, ses pieds se mettaient à bouger et son corps à se balancer.

Cependant, il y avait un problème. Les autres éléphants ne comprenaient pas cette passion. Ils pensaient que danser était une activité ridicule pour un éléphant, un animal si grand et si lourd. Chaque fois qu'Elliot se laissait emporter par la musique, les autres éléphants se moquaient de lui.

« Regarde Elliot, il se prend pour une gazelle ! » riait Barnabé, un éléphant plus âgé et très sérieux.

Malgré les moqueries, Elliot ne pouvait s'empêcher de danser. Chaque soir, après que les autres se soient endormis, il s'éclipsait discrètement et se rendait au clair de lune pour laisser son corps suivre les rythmes de la nuit.

Un jour, alors qu'il dansait près d'un étang, Elliot entendit un bruit dans les buissons. Il s'arrêta net, les oreilles dressées, prêt à fuir. Mais à sa grande surprise, ce n'était pas un prédateur. C'était une petite souris, prénommée Mimi, qui l'observait avec admiration.

« Oh, je suis désolée de t'avoir effrayé, » dit Mimi timidement. « Je t'observe depuis quelques nuits, et je dois dire que tu danses magnifiquement bien ! »

Elliot était stupéfait. « Vraiment ? Tu trouves que je danse bien ? »

« Absolument ! » s'exclama Mimi. « Tu es le meilleur danseur que j'ai jamais vu. »

Les mots de Mimi réchauffèrent le cœur d'Elliot. Pour la première fois, quelqu'un appréciait vraiment sa danse. Ils devinrent rapidement amis, et chaque soir, Mimi rejoignait Elliot pour le regarder danser et parfois même danser avec lui.

Un matin, alors que le soleil se levait sur la savane, un grand bruit résonna au loin. C'était un groupe de musiciens ambulants qui arrivaient en ville pour organiser un grand spectacle. Ils avaient entendu parler d'une clairière spéciale où les animaux se rassemblaient parfois pour célébrer.

Elliot et Mimi décidèrent d'aller voir ce qui se passait. En arrivant, ils virent une scène décorée de guirlandes colorées et de lumières scintillantes. Les musiciens, avec leurs tambours, leurs flûtes et leurs guitares, étaient prêts à donner une performance extraordinaire.

Soudain, l'un des musiciens, un singe nommé Jazzy, prit la parole. « Mesdames et messieurs, nous sommes ici pour célébrer la danse et la musique. Si quelqu'un parmi vous a un talent caché, c'est le moment de le montrer ! »

Mimi regarda Elliot avec des yeux brillants. « C'est ta chance, Elliot ! Montre-leur ce que tu sais faire ! »

Elliot sentit son cœur battre plus fort. Il était à la fois excité et terrifié. Mais avec l'encouragement de Mimi, il prit une grande respiration et avança vers la scène. Les autres animaux le regardaient avec curiosité.

« Je m'appelle Elliot, » annonça-t-il timidement. « Et j'aimerais... j'aimerais danser. »

Il y eut un moment de silence, puis Jazzy sourit et tapa sur ses tambours, créant un rythme entraînant. Elliot ferma les yeux et laissa la musique le guider. Ses pieds commencèrent à bouger, ses oreilles se balancèrent au rythme, et son corps entier suivit la mélodie.

Les autres animaux regardaient avec émerveillement. Jamais ils n'avaient vu un éléphant danser avec autant de grâce et de joie. Bientôt, ils commencèrent à applaudir et à crier d'encouragement. Les rires et les moqueries avaient disparu, remplacés par l'admiration et le respect.

Elliot dansa avec tout son cœur, réalisant des mouvements qu'il n'avait jamais essayés auparavant. Il se sentait libre, léger comme une plume, malgré sa taille imposante. La musique le transportait, et il ne voulait plus s'arrêter.

Quand la musique s'arrêta enfin, Elliot ouvrit les yeux et vit tous les animaux applaudir avec enthousiasme. Il était essoufflé, mais un immense sourire illuminait son visage. Jazzy s'avança et lui donna une tape amicale sur l'épaule.

« C'était incroyable, Elliot ! Tu as un vrai talent pour la danse, » dit le singe en souriant.

Les autres animaux s'approchèrent pour féliciter Elliot. Barnabé, l'éléphant qui se moquait souvent de lui, baissa la tête, visiblement embarrassé.

« Je suis désolé de m'être moqué de toi, Elliot. Je ne savais pas à quel point tu étais talentueux, » dit-il humblement.

Elliot sourit et répondit avec gentillesse : « Merci, Barnabé. Tout le monde a quelque chose de spécial à offrir. Il suffit de croire en soi et de suivre son cœur. »

Depuis ce jour, Elliot devint le danseur officiel de la savane. Les animaux se rassemblaient chaque soir pour le voir danser, et il leur apprenait même quelques mouvements. Mimi restait toujours à ses côtés, sa plus grande fan et son amie fidèle.

L'histoire d'Elliot l'Éléphant Danseur se répandit dans tout le royaume, et bientôt, même les animaux des régions éloignées venaient assister à ses spectacles. Elliot avait prouvé que peu importe qui nous sommes ou d'où nous venons, nous pouvons réaliser des choses extraordinaires en suivant notre passion.

Et ainsi, Elliot continua de danser, inspirant les jeunes et les vieux, et rappelant à tous que la véritable beauté réside dans la confiance en soi et la joie de faire ce que l'on aime. La savane résonnait chaque nuit des rythmes entraînants et des rires heureux, et Elliot l'Éléphant Danseur devint une légende, non seulement pour sa danse, mais pour son cœur immense et son esprit indomptable.

Elliot the Dancing Elephant

Once upon a time, in the African savannah, there was an elephant named Elliot. Elliot was not an ordinary elephant. While the other elephants spent their days majestically walking and searching for water, Elliot had a secret passion: he loved to dance. As soon as he heard the sound of drums or the songs of birds, his feet started moving and his body swayed.

However, there was a problem. The other elephants did not understand this passion. They thought dancing was a ridiculous activity for an elephant, a creature so large and heavy. Every time Elliot let himself be carried away by the music, the other elephants made fun of him.

"Look at Elliot, he thinks he's a gazelle!" laughed Barnaby, an older and very serious elephant.

Despite the mockery, Elliot could not help but dance. Every evening, after the others had fallen asleep, he would slip away quietly and go to the moonlight to let his body follow the rhythms of the night.

One day, while he was dancing near a pond, Elliot heard a noise in the bushes. He stopped abruptly, ears pricked, ready to flee. But to his great surprise, it was not a predator. It was a little mouse named Mimi, watching him with admiration.

"Oh, I'm sorry I scared you," said Mimi timidly. "I've been watching you for a few nights, and I must say you dance beautifully!"

Elliot was stunned. "Really? You think I dance well?"

"Absolutely!" exclaimed Mimi. "You're the best dancer I've ever seen."

Mimi's words warmed Elliot's heart. For the first time, someone truly appreciated his dancing. They quickly became friends, and every evening, Mimi would join Elliot to watch him dance and sometimes even dance with him.

One morning, as the sun rose over the savannah, a loud noise echoed in the distance. It was a group of traveling musicians arriving in town to organize a big show. They had heard about a special clearing where animals sometimes gathered to celebrate.

Elliot and Mimi decided to see what was happening. When they arrived, they saw a stage decorated with colorful garlands and twinkling lights. The musicians, with their drums, flutes, and guitars, were ready to give an extraordinary performance.

Suddenly, one of the musicians, a monkey named Jazzy, spoke. "Ladies and gentlemen, we are here to celebrate dance and music. If anyone among you has a hidden talent, now is the time to show it!"

Mimi looked at Elliot with sparkling eyes. "This is your chance, Elliot! Show them what you can do!"

Elliot felt his heart beat faster. He was both excited and terrified. But with Mimi's encouragement, he took a deep breath and stepped towards the stage. The other animals watched him with curiosity.

"My name is Elliot," he announced timidly. "And I would like... I would like to dance."

There was a moment of silence, then Jazzy smiled and tapped on his drums, creating a catchy rhythm. Elliot closed his eyes and let the music guide him. His feet started moving, his ears swayed to the rhythm, and his whole body followed the melody.

The other animals watched in amazement. They had never seen an elephant dance with such grace and joy. Soon, they began to applaud and shout encouragement. The laughter and mockery had disappeared, replaced by admiration and respect.

Elliot danced with all his heart, performing movements he had never tried before. He felt free, light as a feather, despite his imposing size. The music transported him, and he didn't want to stop.

When the music finally stopped, Elliot opened his eyes and saw all the animals applauding enthusiastically. He was out of breath, but a huge smile lit up his face. Jazzy stepped forward and gave him a friendly pat on the shoulder.

"That was amazing, Elliot! You have a real talent for dancing," said the monkey, smiling.

The other animals approached to congratulate Elliot. Barnaby, the elephant who often mocked him, lowered his head, visibly embarrassed.

"I'm sorry for making fun of you, Elliot. I didn't know how talented you were," he said humbly.

Elliot smiled and replied kindly, "Thank you, Barnaby. Everyone has something special to offer. You just have to believe in yourself and follow your heart."

From that day on, Elliot became the official dancer of the savannah. The animals gathered every evening to watch him dance, and he even taught them a few moves. Mimi always stayed by his side, his biggest fan and loyal friend.

The story of Elliot the Dancing Elephant spread throughout the kingdom, and soon even animals from distant regions came to watch his performances. Elliot had proven that no matter who we are or where we come from, we can achieve extraordinary things by following our passion.

And so, Elliot continued to dance, inspiring the young and the old, reminding everyone that true beauty lies in self-confidence and the joy of doing what you love. The savannah resonated every night with catchy rhythms and happy laughter, and Elliot the Dancing Elephant became a legend, not only for his dance but for his immense heart and indomitable spirit.

Mireille la Sorcière Maladroite

Il était une fois, dans un petit village pittoresque au bord d'une forêt enchantée, une sorcière nommée Mireille. Mireille n'était pas une sorcière ordinaire. Tandis que les autres sorcières maîtrisaient des sorts complexes et possédaient des pouvoirs impressionnants, Mireille avait un petit problème : elle était extrêmement maladroite.

Chaque fois qu'elle essayait de préparer une potion, quelque chose allait inévitablement de travers. Ses potions explosaient, ses sorts tournaient mal, et son balai magique avait une fâcheuse tendance à s'écraser. Pourtant, malgré toutes ses maladresses, Mireille avait un cœur immense et une détermination sans faille à devenir une grande sorcière.

Un jour, alors qu'elle lisait un ancien grimoire poussiéreux, Mireille découvrit une recette pour une potion spéciale appelée "L'Élixir de la Grâce." Selon le grimoire, cette potion pourrait rendre n'importe qui élégant et habile. Mireille pensa que cette potion pourrait être la solution à tous ses problèmes.

Avec enthousiasme, elle se mit à rassembler les ingrédients nécessaires : des pétales de rose, de la poussière de fée, une goutte de rosée du matin, et une plume de corbeau. Tous les ingrédients étaient rares et difficiles à trouver, mais Mireille était déterminée. Elle enfila sa cape violette, prit son chapeau pointu et son sac à dos, et partit à l'aventure.

Le premier ingrédient, les pétales de rose, se trouvait dans le jardin enchanté de Dame Rosette, une vieille fée qui vivait au sommet d'une colline. Mireille grimpa la colline avec effort, trébuchant plusieurs fois sur les racines et les cailloux. Quand elle arriva enfin, essoufflée, Dame Rosette l'accueillit avec un sourire bienveillant.

« Bonjour, Dame Rosette. Je cherche des pétales de rose pour préparer une potion très importante, » expliqua Mireille.

Dame Rosette regarda Mireille avec des yeux pétillants. « Eh bien, je vois que tu es déterminée. Je te donnerai des pétales de rose, mais d'abord, tu dois m'aider à arroser mes plantes. »

Mireille accepta avec joie et, malgré quelques incidents où elle renversa l'arrosoir ou trébucha sur une racine, elle réussit à aider Dame Rosette. En récompense, la fée lui donna une poignée de pétales de rose parfumés.

Le deuxième ingrédient, la poussière de fée, se trouvait dans une grotte scintillante au cœur de la forêt. Cette grotte était gardée par une famille de lucioles magiques. Mireille pénétra dans la forêt sombre et mystérieuse, suivant la lueur des lucioles. Lorsqu'elle atteignit la grotte, les lucioles la regardèrent avec méfiance.

« Que fais-tu ici, sorcière ? » demanda la luciole aînée d'une voix sifflante.

« Je cherche de la poussière de fée pour une potion spéciale, » répondit Mireille courageusement.

La luciole aînée réfléchit un moment, puis dit : « Nous te donnerons de la poussière de fée si tu réussis à éclairer notre grotte en utilisant ta magie. »

Mireille savait que sa magie était imprévisible, mais elle accepta le défi. Avec sa baguette, elle tenta de créer une lumière magique. Après quelques essais maladroits et quelques explosions lumineuses, elle réussit à illuminer la grotte d'une douce lueur dorée. Les lucioles, impressionnées, lui offrirent de la poussière de fée en remerciement.

Le troisième ingrédient, une goutte de rosée du matin, était le plus difficile à obtenir. La légende disait que cette rosée ne pouvait être trouvée qu'au sommet de la Montagne des Nuages, une montagne si haute qu'elle touchait les cieux. Mireille n'était pas découragée. Elle vola jusqu'à la montagne sur son balai (en évitant de s'écraser par chance), et entreprit l'ascension.

La montée fut ardue. Mireille glissa plusieurs fois, ses vêtements se déchirèrent, et elle eut même une rencontre effrayante avec un aigle. Mais finalement, après beaucoup d'efforts et de persévérance, elle atteignit le sommet. Là, elle trouva une fleur rare couverte de gouttes de rosée brillantes. Avec précaution, elle en recueillit une goutte dans une petite fiole.

Le dernier ingrédient, une plume de corbeau, se trouvait dans la tour d'un vieux château en ruines. Ce château était hanté par des esprits, et peu osaient s'y aventurer. Mais Mireille était déterminée. Elle entra prudemment dans le château sombre et froid, et après avoir surmonté quelques frayeurs et évité des pièges, elle trouva un corbeau perché sur une fenêtre brisée.

« Bonjour, corbeau. Puis-je avoir une de tes plumes pour une potion ? » demanda-t-elle poliment.

Le corbeau, surpris par la gentillesse de Mireille, accepta et laissa tomber une plume noire à ses pieds.

Avec tous les ingrédients en main, Mireille rentra chez elle. Elle prépara la potion avec soin, suivant les instructions du grimoire à la lettre. Quand elle finit, une potion scintillante et argentée se trouvait dans son chaudron. Elle but une gorgée, espérant que cela fonctionne.

À sa grande surprise, elle sentit une chaleur douce parcourir son corps. Elle tenta de marcher et ne trébucha pas. Elle fit un geste avec sa baguette, et un sort parfaitement exécuté en sortit. La potion avait fonctionné !

Remplie de joie, Mireille se précipita pour montrer ses nouvelles compétences aux autres sorcières du village. Elles furent épatées et admirèrent le courage et la détermination de Mireille. Même les sorcières les plus expérimentées vinrent lui demander des conseils.

Mireille devint une héroïne dans son village, non seulement pour avoir réussi à créer l'Élixir de la Grâce, mais aussi pour avoir prouvé que même les plus maladroits peuvent accomplir des choses extraordinaires avec persévérance et un cœur pur.

Et ainsi, Mireille continua de pratiquer la magie, devenant de plus en plus habile chaque jour. Elle aidait les autres sorcières et les villageois avec gentillesse et bonne humeur, partageant toujours son histoire pour inspirer ceux qui avaient besoin de courage.

L'histoire de Mireille la Sorcière Maladroite devint une légende, rappelant à tous que la véritable magie réside dans le cœur et l'esprit, et que même les erreurs peuvent mener à de grandes réussites. Chaque soir, sous la lueur des étoiles, Mireille dansait joyeusement dans la clairière, célébrant la beauté de la magie et de l'amitié.

Mireille the Clumsy Witch

Once upon a time, in a small picturesque village on the edge of an enchanted forest, there lived a witch named Mireille. Mireille was not an ordinary witch. While other witches mastered complex spells and possessed impressive powers, Mireille had a little problem: she was extremely clumsy.

Every time she tried to brew a potion, something inevitably went wrong. Her potions exploded, her spells backfired, and her magic broom had an unfortunate tendency to crash. Yet, despite all her clumsiness, Mireille had a huge heart and an unwavering determination to become a great witch.

One day, while reading an old dusty grimoire, Mireille discovered a recipe for a special potion called "The Elixir of Grace." According to the grimoire, this potion could make anyone elegant and skillful. Mireille thought this potion might be the solution to all her problems.

Excitedly, she set out to gather the necessary ingredients: rose petals, fairy dust, a drop of morning dew, and a raven feather. All the ingredients were rare and difficult to find, but Mireille was determined. She donned her purple cape, took her pointed hat and backpack, and set off on her adventure.

The first ingredient, rose petals, was found in the enchanted garden of Dame Rosette, an old fairy who lived atop a hill. Mireille climbed the hill with effort, stumbling several times over roots and stones. When she finally arrived, breathless, Dame Rosette greeted her with a kindly smile.

"Hello, Dame Rosette. I am looking for rose petals to prepare a very important potion," explained Mireille.

Dame Rosette looked at Mireille with sparkling eyes. "Well, I see you are determined. I will give you rose petals, but first, you must help me water my plants."

Mireille happily agreed, and despite a few incidents where she spilled the watering can or tripped over a root, she managed to help Dame Rosette. In return, the fairy gave her a handful of fragrant rose petals.

The second ingredient, fairy dust, was found in a sparkling cave in the heart of the forest. This cave was guarded by a family of magical fireflies. Mireille ventured into the dark, mysterious forest, following the glow of the fireflies. When she reached the cave, the fireflies looked at her suspiciously.

"What are you doing here, witch?" asked the elder firefly in a hissing voice.

"I am looking for fairy dust for a special potion," Mireille answered bravely.

The elder firefly thought for a moment, then said, "We will give you fairy dust if you can light our cave using your magic."

Mireille knew her magic was unpredictable, but she accepted the challenge. With her wand, she tried to create a magical light. After a few clumsy attempts and some bright explosions, she succeeded in illuminating the cave with a soft golden glow. Impressed, the fireflies offered her fairy dust in gratitude.

The third ingredient, a drop of morning dew, was the most difficult to obtain. Legend said this dew could only be found atop the Cloud Mountain, a mountain so high it touched the sky. Mireille was undeterred. She flew to the mountain on her broom (luckily avoiding crashes), and began the ascent.

The climb was arduous. Mireille slipped several times, her clothes tore, and she even had a frightening encounter with an eagle. But finally, after much effort and perseverance, she reached the summit. There, she found a rare flower covered in shimmering dew drops. Carefully, she collected a drop in a small vial.

The last ingredient, a raven feather, was found in the tower of an old ruined castle. This castle was haunted by spirits, and few dared to venture there. But Mireille was determined. She cautiously entered the dark, cold castle, and after overcoming some scares and avoiding traps, she found a raven perched on a broken window.

"Hello, raven. May I have one of your feathers for a potion?" she asked politely.

The raven, surprised by Mireille's kindness, agreed and dropped a black feather at her feet.

With all the ingredients in hand, Mireille returned home. She carefully prepared the potion, following the grimoire's instructions to the letter. When she finished, a shimmering silver potion sat in her cauldron. She took a sip, hoping it would work.

To her great surprise, she felt a warm sensation spread through her body. She tried to walk and did not stumble. She waved her wand, and a perfectly executed spell emerged. The potion had worked!

Filled with joy, Mireille hurried to show her new skills to the other witches in the village. They were amazed and admired Mireille's courage and determination. Even the most experienced witches came to her for advice.

Mireille became a heroine in her village, not only for successfully creating the Elixir of Grace but also for proving that even the clumsiest can achieve extraordinary things with perseverance and a pure heart.

And so, Mireille continued to practice magic, becoming more skillful each day. She helped other witches and villagers with kindness and good humor, always sharing her story to inspire those who needed courage.

The story of Mireille the Clumsy Witch became a legend, reminding everyone that true magic lies in the heart and mind, and that even mistakes can lead to great achievements. Every evening, under the glow of the stars, Mireille danced joyfully in the clearing, celebrating the beauty of magic and friendship.

Maurice, la Petite Souris Courageuse

Il était une fois, dans un vieux grenier poussiéreux d'une maison de campagne, une petite souris grise nommée Maurice. Maurice n'était pas une souris ordinaire. Tandis que ses amis passaient leurs journées à chercher des miettes et à se cacher des chats, Maurice rêvait de grandes aventures et de sauver le monde.

Chaque nuit, Maurice lisait des livres d'aventures qu'il trouvait abandonnés dans le grenier. Son héros préféré était Sir Ronron, le chevalier chat qui combattait les dragons et sauvait les princesses. Maurice voulait être aussi courageux et vaillant que Sir Ronron. Mais pour l'instant, il n'était qu'une petite souris avec de grandes aspirations.

Un matin, alors que Maurice explorait le grenier, il entendit un bruit étrange venant d'une vieille malle en bois. Curieux et un peu inquiet, il s'approcha doucement. En ouvrant la malle, il découvrit une carte au trésor ancienne, usée par le temps. Le cœur battant d'excitation, Maurice décida de suivre la carte.

La carte indiquait un trésor caché dans la forêt mystérieuse derrière la maison. Maurice savait que la forêt était dangereuse et pleine de prédateurs, mais il était déterminé à prouver son courage. Il prépara un petit sac avec du fromage, une corde et une petite loupe, puis il partit à l'aventure.

Le chemin jusqu'à la forêt était parsemé d'obstacles. Maurice devait éviter les pièges des hiboux nocturnes, les flaques de boue, et même une rivière tumultueuse. À chaque étape, il se souvenait des leçons tirées des histoires de Sir Ronron : rester brave, être intelligent, et ne jamais abandonner.

Quand Maurice atteignit enfin l'orée de la forêt, il s'arrêta un moment pour reprendre son souffle. La forêt était sombre et sinistre, avec des arbres gigantesques et des ombres menaçantes. Maurice sentit une pointe de peur, mais il se rappela pourquoi il était là. Il prit une grande inspiration et entra dans la forêt.

À l'intérieur, les bruits étaient amplifiés. Le bruissement des feuilles semblait murmurer des avertissements, et les craquements des branches faisaient sursauter Maurice à chaque pas. Il suivit la carte avec attention, évitant les pièges naturels et les animaux dangereux. Après des heures de marche, il atteignit enfin une clairière où le trésor était supposé être caché.

Au centre de la clairière se trouvait un vieux chêne majestueux. Selon la carte, le trésor était enterré sous cet arbre. Maurice utilisa sa petite loupe pour examiner le sol et trouva un symbole gravé dans la terre. Il commença à creuser avec ses petites pattes, déterminé à trouver le trésor.

Après un moment, Maurice découvrit une petite boîte en métal ornée de motifs anciens. Tremblant d'excitation, il ouvrit la boîte. À l'intérieur, il trouva un médaillon en or avec une inscription mystérieuse et une petite clé en argent. Le médaillon brillait faiblement dans la lumière de la clairière, et Maurice sentit une chaleur réconfortante en le tenant.

Il savait que ce trésor était spécial, mais il ne comprenait pas encore son importance. En regardant de plus près le médaillon, Maurice découvrit une carte miniature gravée à l'intérieur. Cette nouvelle carte montrait un chemin menant à un château caché au cœur de la forêt.

Sans hésiter, Maurice suivit la nouvelle carte. Le chemin était encore plus difficile, avec des ronces, des ravins et des créatures effrayantes. Mais Maurice continua, motivé par son désir d'aventure et sa volonté de prouver sa bravoure.

Finalement, Maurice arriva devant un immense château caché par des arbres et des vignes. Le château semblait abandonné, mais une aura de mystère l'entourait. Maurice utilisa la petite clé en argent pour ouvrir la porte principale et entra prudemment.

À l'intérieur, le château était sombre et silencieux. Maurice explora les couloirs et les salles, découvrant des tapisseries anciennes et des armures rouillées. Dans une grande salle au centre du château, il trouva un trône en pierre surmonté d'un autre médaillon similaire à celui qu'il avait trouvé.

En approchant du trône, Maurice remarqua une inscription sur le mur. Elle racontait l'histoire d'un roi souris autrefois puissant et sage, qui avait caché ses trésors pour protéger son royaume. Maurice comprit alors que le médaillon était une clé pour débloquer le véritable potentiel du château.

Avec précaution, il plaça le médaillon trouvé dans le grenier dans une fente du trône. Un mécanisme se mit en marche, et le sol trembla légèrement. Une porte secrète s'ouvrit, révélant une salle remplie de trésors brillants et de parchemins anciens.

Mais ce n'était pas les richesses matérielles qui intéressaient Maurice. Parmi les trésors, il trouva un parchemin contenant des instructions pour utiliser les pouvoirs magiques du château afin d'aider les animaux de la forêt. Le parchemin disait que celui qui possédait le cœur courageux d'un roi pourrait utiliser cette magie pour le bien.

Maurice, avec son grand cœur et son courage, se rendit compte qu'il était destiné à devenir le protecteur de la forêt. Il utilisa la magie du château pour faire pousser des plantes nourrissantes, créer des abris sûrs pour les petits animaux, et même éloigner les prédateurs dangereux.

Les animaux de la forêt, au début méfiants, commencèrent à respecter et à aimer Maurice. Ils l'appelaient "Maurice le Brave" et venaient souvent lui demander conseil. Grâce à son intelligence et à sa gentillesse, Maurice devint un leader sage et respecté.

L'histoire de Maurice la Petite Souris Courageuse se répandit rapidement, atteignant même les confins du royaume. Les autres souris, inspirées par son exemple, commencèrent à croire en elles-mêmes et à rêver de grandes choses.

Et ainsi, Maurice continua de protéger et d'aider la forêt, toujours prêt pour une nouvelle aventure. Il n'était peut-être qu'une petite souris, mais son cœur était aussi grand que celui de n'importe quel héros de légende.

Chaque soir, sous la lumière des étoiles, Maurice se tenait devant le château, se souvenant de ses débuts dans le grenier poussiéreux. Il savait que son voyage était loin d'être terminé, mais il était prêt à affronter tous les défis avec courage et détermination.

Et c'est ainsi que Maurice la Petite Souris Courageuse devint une légende, prouvant que la véritable grandeur vient du cœur et que même les plus petits peuvent accomplir de grandes choses.

57

Maurice, the Brave Little Mouse

Once upon a time, in a dusty old attic of a countryside house, there lived a little grey mouse named Maurice. Maurice was not an ordinary mouse. While his friends spent their days searching for crumbs and hiding from cats, Maurice dreamed of grand adventures and saving the world.

Every night, Maurice read adventure books he found abandoned in the attic. His favorite hero was Sir Ronron, the cat knight who fought dragons and saved princesses. Maurice wanted to be as brave and valiant as Sir Ronron. But for now, he was just a little mouse with big aspirations.

One morning, as Maurice explored the attic, he heard a strange noise coming from an old wooden trunk. Curious and a bit anxious, he approached cautiously. Opening the trunk, he discovered an ancient treasure map, worn by time. Heart pounding with excitement, Maurice decided to follow the map.

The map indicated a hidden treasure in the mysterious forest behind the house. Maurice knew the forest was dangerous and full of predators, but he was determined to prove his courage. He packed a small bag with cheese, a rope, and a tiny magnifying glass, then set off on his adventure.

The path to the forest was filled with obstacles. Maurice had to avoid the traps of nocturnal owls, muddy puddles, and even a rushing river. At every step, he remembered the lessons from Sir Ronron's stories: stay brave, be smart, and never give up.

When Maurice finally reached the edge of the forest, he paused for a moment to catch his breath. The forest was dark and eerie, with towering trees and menacing shadows. Maurice felt a twinge of fear, but he remembered why he was there. He took a deep breath and entered the forest.

Inside, the sounds were amplified. The rustling leaves seemed to whisper warnings, and the cracking branches made Maurice jump at every step. He followed the map carefully, avoiding natural traps and dangerous animals. After hours of walking, he finally reached a clearing where the treasure was supposed to be hidden.

At the center of the clearing stood a majestic old oak tree. According to the map, the treasure was buried under this tree. Maurice used his tiny magnifying glass to examine the ground and found a symbol engraved in the earth. He began to dig with his little paws, determined to find the treasure.

After a while, Maurice uncovered a small metal box adorned with ancient patterns. Trembling with excitement, he opened the box. Inside, he found a gold medallion with a mysterious inscription and a tiny silver key. The medallion glowed faintly in the light of the clearing, and Maurice felt a comforting warmth holding it.

He knew this treasure was special, but he didn't yet understand its significance. Looking closer at the medallion, Maurice discovered a miniature map engraved inside. This new map showed a path leading to a hidden castle deep within the forest.

Without hesitation, Maurice followed the new map. The path was even more challenging, with thorns, ravines, and frightening creatures. But Maurice pressed on, driven by his desire for adventure and his will to prove his bravery.

Eventually, Maurice arrived at an immense castle hidden by trees and vines. The castle seemed abandoned, but an aura of mystery surrounded it. Maurice used the tiny silver key to open the main door and cautiously stepped inside.

Inside, the castle was dark and silent. Maurice explored the halls and rooms, discovering ancient tapestries and rusty armors. In a grand hall at the center of the castle, he found a stone throne topped with another medallion similar to the one he had found.

As he approached the throne, Maurice noticed an inscription on the wall. It told the story of a once-powerful and wise mouse king who had hidden his treasures to protect his kingdom. Maurice realized that the medallion was a key to unlocking the castle's true potential.

Carefully, he placed the medallion he found in the attic into a slot on the throne. A mechanism activated, and the ground trembled slightly. A secret door opened, revealing a room filled with sparkling treasures and ancient scrolls.

But it wasn't the material riches that interested Maurice. Among the treasures, he found a scroll containing instructions to use the castle's magical powers to help the forest animals. The scroll said that the one with the brave heart of a king could use this magic for good.

Maurice, with his big heart and courage, realized he was destined to become the forest's protector. He used the castle's magic to grow nourishing plants, create safe shelters for small animals, and even ward off dangerous predators.

The forest animals, initially wary, began to respect and love Maurice. They called him "Maurice the Brave" and often came to him for advice. Through his intelligence and kindness, Maurice became a wise and respected leader.

The story of Maurice the Brave Little Mouse spread quickly, reaching even the farthest corners of the kingdom. Other mice, inspired by his example, began to believe in themselves and dream of great things.

And so, Maurice continued to protect and help the forest, always ready for a new adventure. He might have been just a little mouse, but his heart was as big as any legendary hero's.

Every evening, under the starlight, Maurice stood in front of the castle, remembering his beginnings in the dusty attic. He knew his journey was far from over, but he was ready to face all challenges with courage and determination.

And thus, Maurice the Brave Little Mouse became a legend, proving that true greatness comes from the heart and that even the smallest can accomplish great things.

Le Tournesol Magique

Il était une fois, dans un petit village pittoresque entouré de collines verdoyantes, une fleur spéciale qui se distinguait parmi toutes les autres. Ce tournesol s'appelait Solange. Contrairement aux autres fleurs, Solange n'était pas seulement belle ; elle avait aussi un don magique.

Solange poussait dans le jardin d'une petite maison en pierre appartenant à une vieille dame gentille nommée Madame Dupont. Madame Dupont adorait son jardin et s'occupait de ses fleurs avec beaucoup de soin et d'amour. Mais Solange avait une place particulière dans son cœur. Chaque matin, elle saluait Solange et lui racontait ses rêves et ses espoirs.

Un jour, alors que Madame Dupont arrosait ses plantes, elle remarqua quelque chose d'étrange. Solange semblait briller d'une lumière douce et chaleureuse. Intriguée, elle s'approcha et toucha doucement les pétales dorés de la fleur. À cet instant, elle entendit une petite voix.

"Bonjour, Madame Dupont," dit la voix douce et mélodieuse.

Madame Dupont sursauta et regarda autour d'elle, mais il n'y avait personne d'autre dans le jardin.

"Qui est là ?" demanda-t-elle, le cœur battant.

"C'est moi, Solange," répondit la voix. "Je suis un tournesol magique, et je peux parler."

Madame Dupont n'en croyait pas ses oreilles. Une fleur parlante dans son jardin ? Cela semblait incroyable, mais la gentillesse et la chaleur dans la voix de Solange la rassurèrent.

"Comment est-ce possible ?" demanda Madame Dupont.

"Je suis une fleur spéciale," expliqua Solange. "Et j'ai le pouvoir de réaliser les souhaits de ceux qui prennent soin de moi avec amour."

Madame Dupont sourit, émerveillée. "C'est incroyable, Solange. Mais je ne souhaite rien pour moi-même. Tout ce que je veux, c'est le bonheur de notre village."

Solange réfléchit un moment et répondit, "Dans ce cas, je vais utiliser ma magie pour aider tout le village. Chaque matin, lorsque le soleil se lèvera, je ferai en sorte que tous les habitants commencent leur journée avec une grande joie et une énergie renouvelée."

Et c'est exactement ce que fit Solange. Dès le lendemain, les villageois se réveillèrent avec des sourires radieux sur leurs visages. Les enfants couraient et jouaient dans les rues, les adultes travaillaient avec enthousiasme, et même les animaux semblaient plus heureux.

Les jours passèrent, et la nouvelle de la magie de Solange se répandit rapidement. Des gens de villages voisins commencèrent à venir pour voir le tournesol magique. Ils apportaient des cadeaux et remerciaient Madame Dupont pour sa générosité.

Un jour, un homme riche et avide nommé Monsieur Bruneau entendit parler de Solange. Il décida de venir au village pour s'emparer du tournesol magique et l'utiliser à ses propres fins. Il arriva avec un grand sac en cuir et entra dans le jardin de Madame Dupont sans permission.

"Je vais prendre cette fleur et utiliser sa magie pour devenir encore plus riche," murmura-t-il en s'approchant de Solange.

Mais Solange, sentant le danger, utilisa sa magie pour se protéger. Avant que Monsieur Bruneau ne puisse la toucher, une lumière éblouissante enveloppa le jardin, et il fut repoussé par une force invisible.

Madame Dupont arriva en courant. "Que faites-vous ici, Monsieur Bruneau ? Partez immédiatement !" s'écria-t-elle.

"Je reviendrai," grogna Monsieur Bruneau en s'éloignant, furieux.

Solange savait qu'il fallait faire quelque chose pour protéger le village. Elle utilisa sa magie pour renforcer le jardin de Madame Dupont, créant une barrière invisible que seuls ceux avec de bonnes intentions pouvaient traverser.

Les jours passèrent, et le village continua de prospérer grâce à la magie de Solange. Les récoltes étaient abondantes, et la vie était belle. Les villageois, reconnaissants, prenaient soin de Solange et de tout le jardin de Madame Dupont avec encore plus de dévouement.

Mais Monsieur Bruneau n'avait pas abandonné ses plans. Un soir, alors que tout le village dormait, il revint avec une pelle et tenta de creuser sous la barrière magique. Cependant, Solange avait anticipé son retour. Elle utilisa sa magie pour créer une illusion d'ombres effrayantes, et Monsieur Bruneau prit peur et s'enfuit en criant.

Solange savait que la paix ne serait assurée que si Monsieur Bruneau changeait de cœur. Elle décida alors d'utiliser sa magie pour une dernière fois de manière spéciale. Elle envoya un rêve à Monsieur Bruneau, un rêve où il vivait dans un village heureux et paisible grâce à la générosité et à l'amour.

Le lendemain matin, Monsieur Bruneau se réveilla avec un nouveau sentiment dans son cœur. Il se rendit au village et demanda pardon à Madame Dupont et aux villageois. Touchés par son changement, ils l'accueillirent chaleureusement.

Avec le temps, Monsieur Bruneau devint un membre respecté et aimé du village. Il aida les autres et travailla dur pour améliorer la vie de tous. Solange, voyant le bonheur et l'harmonie restaurés, sentit sa mission accomplie.

Madame Dupont continua de prendre soin de son jardin, et Solange resta un symbole de magie et de bonté. Les enfants du village venaient souvent s'asseoir près d'elle pour écouter ses histoires et apprendre des leçons de courage et de gentillesse.

Et ainsi, le petit village prospéra grâce à Solange, la tournesol magique, et à l'amour et la compassion de ses habitants. Chaque année, lors de la fête de la moisson, les villageois célébraient la magie de Solange et la bonté qui avait transformé leur vie.

Solange, de son côté, regardait les étoiles chaque nuit, heureuse de savoir qu'elle avait fait une différence. Elle savait que la vraie magie ne résidait pas seulement en elle, mais dans le cœur de ceux qui choisissent de vivre avec amour et compassion.

Et c'est ainsi que l'histoire de Solange, la tournesol magique, devint une légende, transmise de génération en génération, rappelant à tous que même les plus petites créatures peuvent apporter une grande lumière dans le monde.

Solange, the Magic Sunflower

Once upon a time, in a picturesque little village surrounded by lush green hills, there was a special flower that stood out among all the others. This sunflower's name was Solange. Unlike other flowers, Solange was not just beautiful; she also had a magical gift.

Solange grew in the garden of a small stone house owned by a kind old lady named Madame Dupont. Madame Dupont loved her garden and tended to her flowers with great care and love. But Solange held a special place in her heart. Every morning, she would greet Solange and share her dreams and hopes with her.

One day, as Madame Dupont was watering her plants, she noticed something strange. Solange seemed to glow with a soft, warm light. Intrigued, she approached and gently touched the golden petals of the flower. At that moment, she heard a small voice.

"Hello, Madame Dupont," said the sweet, melodic voice.

Madame Dupont jumped and looked around, but there was no one else in the garden.

"Who's there?" she asked, her heart pounding.

"It's me, Solange," the voice replied. "I am a magic sunflower, and I can talk."

Madame Dupont could hardly believe her ears. A talking flower in her garden? It seemed incredible, but the kindness and warmth in Solange's voice reassured her.

"How is this possible?" asked Madame Dupont.

"I am a special flower," explained Solange. "And I have the power to grant the wishes of those who care for me with love."

Madame Dupont smiled, amazed. "This is incredible, Solange. But I wish for nothing for myself. All I want is the happiness of our village."

Solange thought for a moment and replied, "In that case, I will use my magic to help the entire village. Every morning when the sun rises, I will make sure that all the inhabitants start their day with great joy and renewed energy."

And that's exactly what Solange did. From the next day on, the villagers woke up with radiant smiles on their faces. Children ran and played in the streets, adults worked with enthusiasm, and even the animals seemed happier.

Days passed, and the news of Solange's magic spread quickly. People from neighboring villages began to come to see the magic sunflower. They brought gifts and thanked Madame Dupont for her generosity.

One day, a wealthy and greedy man named Monsieur Bruneau heard about Solange. He decided to come to the village to take the magic sunflower and use it for his own ends. He arrived with a large leather bag and entered Madame Dupont's garden without permission.

"I will take this flower and use its magic to become even richer," he murmured as he approached Solange.

But Solange, sensing the danger, used her magic to protect herself. Before Monsieur Bruneau could touch her, a dazzling light enveloped the garden, and he was pushed back by an invisible force.

Madame Dupont came running. "What are you doing here, Monsieur Bruneau? Leave immediately!" she cried.

"I will be back," growled Monsieur Bruneau as he walked away, furious.

Solange knew that something had to be done to protect the village. She used her magic to strengthen Madame Dupont's garden, creating an invisible barrier that only those with good intentions could cross.

Days passed, and the village continued to thrive thanks to Solange's magic. The harvests were bountiful, and life was beautiful. The villagers, grateful, took even better care of Solange and Madame Dupont's entire garden with even more dedication.

But Monsieur Bruneau had not given up on his plans. One evening, while the entire village was asleep, he returned with a shovel and tried to dig under the magic barrier. However, Solange had anticipated his return. She used her magic to create an illusion of frightening shadows, and Monsieur Bruneau took fright and ran away screaming.

Solange knew that peace would only be assured if Monsieur Bruneau's heart changed. She decided to use her magic one last time in a special way. She sent a dream to Monsieur Bruneau, a dream in which he lived in a happy and peaceful village thanks to generosity and love.

The next morning, Monsieur Bruneau woke up with a new feeling in his heart. He went to the village and asked for forgiveness from Madame Dupont and the villagers. Touched by his change, they welcomed him warmly.

Over time, Monsieur Bruneau became a respected and loved member of the village. He helped others and worked hard to improve everyone's life. Solange, seeing happiness and harmony restored, felt her mission was accomplished.

Madame Dupont continued to take care of her garden, and Solange remained a symbol of magic and goodness. The village children often came to sit near her to listen to her stories and learn lessons of courage and kindness.

And so, the little village thrived thanks to Solange, the magic sunflower, and the love and compassion of its inhabitants. Every year, during the harvest festival, the villagers celebrated Solange's magic and the kindness that had transformed their lives.

Solange, for her part, looked at the stars every night, happy to know that she had made a difference. She knew that true magic did not reside only in her but in the hearts of those who choose to live with love and compassion.

And so, the story of Solange, the magic sunflower, became a legend, passed down from generation to generation, reminding everyone that even the smallest creatures can bring great light into the world.